DISCOURS D'INAUGURATION

NANCY, IMPRIMERIE BERGER-LEVRAULT ET Cie

FACULTÉ DE MÉDECINE DE NANCY

COURS D'OPHTHALMOLOGIE

DISCOURS D'INAUGURATION

PRONONCÉ LE 19 FÉVRIER 1873

PAR

M. MONOYER

DIRECTEUR DE LA CLINIQUE OPHTHALMOLOGIQUE

Recueilli par M. Adrien STŒBER, aide de clinique

Interne bénévole de la clinique ophthalmologique pendant l'année scolaire 1872-1873

PARIS

BERGER-LEVRAULT ET Cie, LIBRAIRES-ÉDITEURS

5, RUE DES BEAUX-ARTS, 5

MÊME MAISON A NANCY, I I, RUE JEAN-LAMOUR

—

1874

COURS D'OPHTHALMOLOGIE

DISCOURS D'INAUGURATION

Prononcé le 19 Février 1873

MESSIEURS,

Un arrêté ministériel a institué auprès de la Faculté de médecine de Nancy un *cours* et une *clinique d'ophthalmologie* entiè-
rement distincts des autres parties de l'enseignement. Cette
mesure consacre officiellement la séparation de la pathologie et
de la thérapeutique oculaires d'avec la chirurgie proprement dite,
séparation existant de fait depuis longtemps dans la pratique, et
que les progrès sans cesse croissants de la science ont rendue
tout à fait indispensable dans l'enseignement théorique et clinique.

L'enseignement spécial de l'ophthalmologie existait déjà à
Strasbourg, mais dans des conditions un peu différentes. Dès
1830, un savant dont la mémoire m'est chère à plus d'un titre,
Victor Stœber (1), alors simple professeur agrégé de la Faculté
de médecine, commençait un cours privé sur les maladies des
yeux; peu de temps après, l'hôpital civil mettait à la disposition

_____

(1) Le fondateur de la clinique ophthalmologique de Strasbourg, V. Stœber, est
décédé le 5 juin 1871, à l'âge de 68 ans, emportant dans la tombe le regret d'avoir
été épargné par les obus pendant le bombardement de sa ville natale et la douleur
d'avoir vécu assez longtemps pour être témoin du démembrement de sa patrie. Du
moins, n'a-t-il pas eu à vider le calice jusqu'à la lie : il n'a point connu les amer-
tumes de l'exil; il ne s'est pas vu dans la cruelle nécessité de remettre entre les
mains du vainqueur cette clinique qu'il avait créée et que, trente années durant,
il avait dirigée, on sait avec quelle sollicitude et quel amour! Cette épreuve poi-
gnante nous était réservée.

du jeune ophthalmologiste d'abord quelques lits, puis deux salles pour le traitement des affections oculaires; la clinique ophthalmologique était créée. Stœber, nommé, en 1845, professeur de pathologie et de thérapeutique générales, cumula bénévolement l'enseignement des maladies des yeux avec celui qui ressortissait à la chaire que le concours lui avait donnée, et, en 1854, il obtint du Ministre de l'Instruction publique de faire figurer la clinique ophthalmologique sur le programme officiel de la Faculté. Strasbourg donnait à la France un exemple à suivre.

S'inspirant de ces traditions et comprenant l'utilité d'un pareil enseignement, le maître vénéré qui est à notre tête n'a pas voulu que la jeune Faculté de Nancy fût moins bien partagée que son aînée de Strasbourg.

Il ne m'appartient pas de louer une mesure qui, en raison des circonstances, me touche personnellement; du moins, me serat-il permis de chercher à montrer combien il était devenu nécessaire, urgent même, de faire des maladies des yeux l'objet d'un enseignement spécial. Tel est, Messieurs, le but que je me propose d'atteindre en vous présentant un exposé succinct des *connaissances nécessaires en ophthalmologie*. Cet exposé aura, en outre, l'avantage de vous instruire, car il me conduira à retracer rapidement les nombreuses et admirables découvertes dont le domaine ophthalmologique s'est enrichi depuis une vingtaine d'années. J'espère vous mettre ainsi à même de juger de l'étendue et de la diversité des connaissances que réclame l'étude des maladies des yeux, de la multiplicité des affections qui peuvent atteindre le précieux organe de la vue, du degré de délicatesse et de précision qui caractérise de nos jours les méthodes d'exploration de l'œil et la thérapeutique oculaire. Il n'y a certes aucune témérité à prétendre que, sous le rapport de la précision, l'ophthalmologie prime actuellement toutes les autres branches de la médecine et peut leur servir de modèle.

Messieurs, l'œil, malgré l'exiguïté de ses dimensions (il en faudrait réunir environ 10 000 pour obtenir un volume égal à celui du corps humain), est sans contredit l'organe le plus complexe de notre économie. Enchâssé dans la cavité orbitaire par l'intermédiaire d'une sorte de coussinet graisseux qui comble les vides, le globe de l'œil se compose d'une coque ou enveloppe solide, de forme sensiblement sphérique, et de trois milieux réfringents renfermés dans l'intérieur de cette enveloppe.

Trois membranes entrent dans la constitution de la coque oculaire : à l'extérieur, une membrane fibreuse et résistante, désignée sous le nom de *cornée* dans une faible portion de son segment antérieur, où elle possède une transparence parfaite, et sous le nom de *sclérotique* dans le reste de son étendue, où elle est opaque et blanche. Sous cette membrane, qui représente une poche sphérique sans ouverture, nous en trouvons une deuxième essentiellement vasculaire, dans laquelle on distingue trois zones : l'une, appelée *choroïde*, recouvre la surface intérieure de la sclérotique; l'autre, plane et semblable à un diaphragme à ouverture centrale, est placée à une certaine distance en arrière de la cornée et constitue l'*iris;* on nomme *pupille* l'ouverture circulaire qui occupe le centre de l'iris. Les deux portions de la membrane *uvée*, dont il vient d'être question, laissent entre elles une zone intermédiaire que remplit la masse du *corps* et du *muscle ciliaires.* La choroïde comprend elle-même plusieurs couches qui sont, en allant de dehors en dedans, la *lamina fusca*, la *couche vasculaire* parcourue par les gros vaisseaux, la *chorio-capillaire* et la *lame élastique*, cette dernière servant de support à l'*épithélium pigmentaire* qui appartient plutôt à la rétine. Le corps ciliaire renferme une double couche de faisceaux musculaires à fibres lisses qui président à l'acte de l'accommodation. Le stroma de l'iris, recouvert sur ses deux faces par un revêtement épithélial, se compose principalement de tissu conjonctif accompagné de fibres musculaires lisses, les unes disposées circulairement et formant le sphincter de la pupille; les autres, dirigées du centre à la périphérie et amenant par leur contraction la dilatation de la pupille.

La choroïde, à son tour, est tapissée par la *rétine*, des trois tuniques de l'œil la plus importante sous le rapport de la fonction visuelle. Les anatomistes ont décrit dans la rétine dix couches, dont les principales sont, en commençant par la plus extérieure : la *couche des cônes et des bâtonnets*, ou *membrane de Jacob*, qui représente la membrane sensible aux impressions lumineuses; les *couches granuleuses externe* et *interne*, la *couche des cellules nerveuses*, puis celles des *fibres nerveuses* et enfin la *membrane limitante interne.*

L'intérieur du globe oculaire est divisé en deux compartiments de capacité inégale par une cloison verticale, la *zonule de Zinn*, continuation de la membrane hyaloïde dont il va être question. La zonule de Zinn se dédouble elle-même en deux feuillets, entre lesquels se trouve logé le *cristallin*, entouré de sa capsule. Le cristallin présente la forme d'une lentille optique et en remplit les fonctions dans le système réfringent de l'œil; il ne diffère de nos lentilles de verre que par sa composition et par la propriété qu'il possède de pouvoir éprouver des changements dans la courbure de ses faces; il est formé par l'agglomération de fibres organiques d'une nature particulière, sous le rapport tant histologique que chimique, ces fibres étant distribuées par couches concentriques et offrant une disposition régulière mais assez compliquée.

Une substance d'une consistance semblable à celle de la gelée et d'une transparence parfaite, l'*humeur* ou le *corps vitré*, remplit la totalité du compartiment postérieur de la cavité oculaire; elle est entourée d'une membrane excessivement mince, l'*hyaloïde*, qui se moule sur la rétine, la zonule de Zinn et la face postérieure du cristallin.

Le compartiment antérieur renferme un liquide, l'*humeur aqueuse*, dont les propriétés ne diffèrent que très-peu de celles de l'eau. L'iris, en contact avec la face antérieure du cristallin seulement par son bord pupillaire, sépare en deux *chambres* la cavité occupée par l'humeur aqueuse.

Le *nerf optique*, qui met les centres nerveux en communication avec l'organe de la vision, tire son origine, non-seulement des *tubercules quadrijumeaux* et des *corps genouillés*, mais encore du *centre ovale de Vieussens*, ainsi que l'ont démontré les recherches de Gratiolet. Les fibres nerveuses de ces trois provenances donnent naissance par leur réunion à la *bandelette optique*; l'entre-croisement partiel et réciproque de la bandelette du côté droit avec celle du côté gauche forme sur la selle turcique ce qu'on nomme le *chiasma*, et c'est du chiasma que se détachent les nerfs optiques proprement dits, un pour chaque œil. Le nerf optique perfore la sclérotique et la choroïde dans le voisinage du pôle postérieur de la sphère oculaire, et, parvenu au niveau de la rétine, où il forme le disque improprement appelé *papille* du nerf optique, il envoie ses fibres dépouillées de leur gaîne médullaire rayonner dans toute l'étendue de la membrane sensible et se mettre en rapport avec les éléments des autres couches.

Le globe oculaire ne représente pas, à lui seul, tout l'appareil de la vision; il est entouré d'un certain nombre d'organes, dont les uns servent à le mouvoir, les autres à le protéger contre les diverses influences nuisibles; l'étude de ces parties accessoires et le traitement des affections qui les atteignent, incombent aussi à l'ophthalmologiste.

Six petits muscles à fibres striées font décrire à l'œil des mouvements de rotation en tous sens autour d'un centre qui, d'après les travaux les plus récents, n'aurait pas une position mathématiquement fixe.

Je ne m'arrêterai pas à décrire les paupières, ces voiles membraneux placés au-devant du globe oculaire pour en lubréfier la surface exposée à l'air, pour la garantir contre l'action directe des corps étrangers et s'opposer, au besoin, à l'entrée d'une trop grande quantité de lumière. On sait que les paupières offrent à leur surface externe la structure de la peau et à leur face interne celle d'une muqueuse, que, par conséquent, nous devons y retrouver tous les éléments histologiques qui entrent dans la composition de ces deux espèces de systèmes anatomiques, et notamment du tissu conjonctif, des nerfs, des vaisseaux sanguins et lymphatiques, des papilles, des revêtements épithéliaux, des glandes sudoripares et sébacées, des corpuscules sensitifs, etc.; mentionnons, en outre, les cartilages *tarses*, petits arcs solides et élastiques qui bordent les paupières et leur servent de soutien, les fibres musculaires de l'*orbiculaire* qui, par leur contraction, déterminent le rapprochement des bords palpébraux et par suite l'occlusion de l'œil; le muscle spécial chargé de *relever* la paupière supérieure; enfin les cils, les glandes de Meïbomius, etc.

La muqueuse qui tapisse la face interne des paupières porte le nom de *conjonctive* et se continue sur le globe oculaire, dont elle recouvre toute la région antérieure; la portion qui protège la cornée est réduite à son revêtement épithélial. On a découvert dans certains endroits de la conjonctive des *follicules lymphatiques*, analogues aux glandes solitaires et aux glandes de Peyer, qui se trouvent dans l'intestin grêle; ces organes glandulaires sont accusés par plusieurs auteurs de jouer un rôle dans le développement d'une affection des plus funestes connue sous le nom de *granulations* ou *trachôme* de la conjonctive.

J'abrège et je me borne à citer encore la glande ou plutôt les *glandes lacrymales*, glandes en grappes composées qui donnent comme produit de sécrétion le liquide des larmes, enfin le système de canaux et de réservoirs qui servent à conduire dans les fosses nasales l'excédant de liquide lacrymal non évaporé à la surface de l'œil. Ce système, comprenant les *points* et les *conduits lacrymaux*, le *sac lacrymal* et le *canal nasal*, est creusé dans l'épaisseur de parois en partie osseuses, en partie membraneuses, revêtues d'un épithélium, où l'on trouve dans certains endroits des cellules *à cils vibratiles*.

Telles sont, indiquées à grands traits, les principales pièces qui composent l'appareil de la vision; je passe sous silence une foule de détails relatifs au dispositif et à la structure histologique de ces parties. Je n'ai parlé ni de la *membrane de Descemet*, qui tapisse la face postérieure de la cornée, ni des différents ordres de vaisseaux qui circulent dans la conjonctive, ni de la *capsule de Ténon*, ni de la structure compliquée du cristallin et de la cornée, ni de l'agencement des éléments variés et nombreux qui entrent dans la constitution de la rétine et des particularités qu'on y observe non loin du pôle postérieur de l'œil, à l'endroit de la *tache jaune*, ni de la distribution des vaisseaux et des nerfs, ni du mode de terminaison de ces derniers, ni du *ganglion ophthalmique* et de ses trois racines, par le moyen desquelles il se trouve mis en relation avec les systèmes nerveux sensitif, moteur et sympathique. Je crois toutefois devoir relever un fait bien propre à montrer l'importance du sens de la vue et le rang qu'il occupe dans la hiérarchie physiologique de nos organes : sur *douze* paires de nerfs crâniens, il en est *six* qui sont préposées, quatre en totalité, les deux autres en partie, au fonctionnement de l'appareil de la vision; ces six paires sont le nerf optique, l'oculo-moteur commun, le pathétique, le trijumeau, l'oculo-moteur externe et le facial, sans compter les filets qui proviennent du grand sympathique.

Les quelques notions anatomiques qui précèdent sont loin de donner une connaissance tant soit peu exacte et approfondie de l'œil, mais elles me paraissent suffisantes pour montrer que tous les éléments anatomiques, tous les tissus du corps humain sont représentés dans les organes de la vue, et quelques-uns même avec des caractères de configuration, de structure ou de composition chimique qu'on ne retrouve pas ailleurs. De là cette conclusion à laquelle je voulais arriver, à savoir que *l'œil, tout petit qu'il est, offre un terrain dans lequel peuvent se développer tous les genres, toutes les formes de lésions organiques qui se produisent dans le reste du corps;* l'observation prouve qu'il en est effectivement ainsi, qu'il n'est pas de processus morbide observé dans une région quelconque de notre organisme qui ne se montre aussi dans l'organe de la vision.

Ai-je besoin de citer à l'appui de cette proposition les nombreuses espèces d'inflammations oculaires, telles que les conjonctivites catarrhale, purulente, membraneuse, diphthéritique, pustuleuse; les iritis séreuse, plastique et autres; les choroïdites disséminée, aréolaire, suppurative; l'irido-choroïdite, les sclérochoroïdites, l'épiscléritis, les nombreuses formes de rétinites et de névrites optiques? Et, après les inflammations, nous aurions à énumérer les processus atrophiques, les diverses espèces de dégénérescence, telles que la dégénérescence graisseuse, la colloïde, la pigmentaire, etc., la classe si riche des tumeurs, les traumatismes, les corps étrangers, les parasites et une foule d'autres entités morbides. Si l'on songe que ces lésions peuvent se développer non-seulement dans les divers tissus du globe oculaire, mais encore dans les autres parties de l'appareil visuel, c'est-à-dire dans les paupières, dans les voies lacrymales, dans les muscles de l'œil, etc., on arrivera sans peine à concevoir la multiplicité des affections oculaires.

Toutefois, celui qui n'envisagerait dans cette étude comparative que les points de ressemblance, n'aurait qu'une idée imparfaite de la richesse du cadre nosologique ressortissant à l'ophthalmologie, car, en sus des maladies qui lui sont communes avec les autres régions de l'organisme, l'œil en a qui lui sont propres. Nous pouvons affirmer, sans crainte d'être accusé d'exagération, que la nosographie de l'appareil de la vision comprend un plus grand nombre d'entités morbides que celle du reste du corps. C'est là un fait indéniable et qui tient à plusieurs causes.

Je vous ai dit que quelques-uns des tissus et des éléments anatomiques de l'œil présentent des caractères spéciaux qu'on ne retrouve pas ailleurs; de là, des différences de même ordre dans les processus pathologiques qui s'y développent. Tel est, par exemple, le cas de ce qu'on appelle de nos jours les *granulations* ou le *trachôme* de la conjonctive; cette affection, dont les suites sont souvent si désastreuses pour l'organe visuel, tandis que la nature en est encore imparfaitement connue, offre dans son mode d'évolution quelque analogie, d'une part avec les lésions de la tuberculose, d'autre part avec certaines altérations qu'on observe sur d'autres muqueuses; toutefois, les différences entre ces divers processus sont assez marquées pour qu'il n'y ait pas similitude complète et pour qu'en définitive les granulations de la conjonctive représentent, dans l'état actuel de nos connaissances, une lésion propre à la muqueuse de l'œil et dont on ne retrouve pas la pareille dans les autres membranes de même espèce. Dans la choroïde, H. Müller et M. Donders ont signalé des productions verruqueuses qui jusqu'ici n'ont pas été vues ailleurs. Les maladies de la cornée ont aussi quelques caractères propres. Je n'ai pas besoin d'insister sur l'importance et la nature toutes spéciales des affections du cristallin, en tête desquelles figure la *cataracte* avec ses nombreuses variétés.

Il est une autre cause qui contribue à augmenter le nombre des affections oculaires, ou, du moins, à rendre l'intervention de l'homme de l'art plus fréquente en oculistique que dans toute autre branche de la médecine ou de la chirurgie, c'est la délicatesse même de l'organe de la vision. Telle lésion qui, venant à se produire dans une autre partie du corps, passerait pour ainsi dire inaperçue et guérirait toute seule sans provoquer le moindre désordre appréciable, acquiert une gravité considérable quand elle atteint l'œil. Ainsi, on n'a presque jamais recours au médecin pour une simple piqûre d'aiguille ou d'épingle; mais la piqûre a-t-elle intéressé le globe oculaire, a-t-elle pénétré jusqu'au cristallin, qu'aussitôt apparaissent des symptômes d'autant plus redoutables et inquiétants qu'ils peuvent entraîner la perte de la vue.

Enfin, les fonctions dévolues à l'organe de la vision exigent une telle intégrité et un agencement si parfait de toutes les pièces qui en composent le mécanisme, que les moindres déviations de l'état physiologique suffisent pour amener des perturbations d'une importance et d'une nature toutes spéciales. Ces lésions fonctionnelles, sur lesquelles nous reviendrons tout à l'heure, constituent une classe d'affections qui appartiennent en propre à l'ophthalmologie et qui ne sont pas les moins intéressantes à étudier.

Messieurs, je vous ai donné le cadre nosologique des maladies oculaires comme le plus vaste, le plus riche de tous. Cette richesse ne date pas de loin; il ne faut pas remonter à plus de trente ans en arrière pour voir l'ophthalmologie réduite à un bagage fort léger. L'enseignement de cette branche médicale consistait alors en quatre ou cinq leçons consacrées à exposer les connaissances de l'époque sur les ophthalmies externes et internes, sur la cataracte, sur l'amaurose, sur le glaucôme, sur la tumeur et la fistule lacrymales; quant aux défauts de la vue, dont deux seulement sur quatre étaient connus, le professeur, pas plus que le praticien, ne s'en occupaient guère; ils en abandonnaient volontiers l'étude théorique au physicien et le traitement à l'opticien.

Je ne pense pas qu'il se rencontre encore de nos jours des savants qui, se reportant trop volontiers au temps de leur jeunesse, persistent à refuser à l'enseignement de l'oculistique une existence propre; ce serait de leur part oublier que, dans l'espace d'un quart de siècle, cette branche des sciences médicales a progressé à pas de géant dans la voie des découvertes.

L'invention de l'ophthalmoscope, en 1851, marque le point de départ de cette période si glorieuse pour l'ophthalmologie. Le merveilleux instrument imaginé par M. Helmholtz ne tarde pas à devenir, entre les mains de mes illustres maîtres, les Donders, les de Græfe, les Jæger, les Liebreich et d'autres, un des plus puissants moyens d'investigation. Désormais, il n'est plus permis de définir *l'amaurose, une maladie dans laquelle le médecin ne voit pas plus que le malade.* Avec l'ophthalmoscope, le regard plonge dans l'intérieur du globe oculaire et pénètre jusqu'aux membranes du fond de l'œil, la rétine, la choroïde, la papille du nerf optique; le diagnostic différentiel des affections profondes devient possible et acquiert d'emblée un degré de certitude inconnu jusque-là. Les lésions de la choroïde ne sont plus confondues avec celles de la rétine, ni les unes et les autres avec celles du nerf optique. L'antique amaurose voit la majeure partie de son domaine lui échapper ; étudiée à l'aide du nouvel instrument, elle se résout en une multitude d'entités morbides distinctes et souvent fort disparates; actuellement, elle embrasse encore les cas, de jour en jour plus rares, où la cécité ne s'accompagne d'aucune lésion organique visible à l'ophthalmoscope; mais on peut, dès maintenant, entrevoir l'époque où l'amaurose cessera de figurer dans le cadre nosologique à titre de maladie idiopathique et où elle servira uniquement à désigner un symptôme, l'abolition de la fonction visuelle. Déjà, le clinicien se trouve en mesure de poser le diagnostic des rétinites albuminurique, syphilitique, pigmentaire, leucémique et autres, des diverses espèces de choroïdites, de la névrite optique ascendante ou descendante, de la rétino-choroïdite, de l'atrophie de la papille, des décollements de la rétine, d'un certain nombre de tumeurs intraoculaires, des cysticerques, et de quantité d'autres lésions dont l'énumération nous entraînerait trop loin. Le *glaucôme* n'est plus, comme on le définissait autrefois, une maladie caractérisée par la couleur *glauque* de la pupille; le symptôme pathognomonique des affections glaucomateuses consiste dans un accroissement de dureté du globe oculaire ayant pour effet, au bout d'un certain temps, de produire par refoulement une excavation de la papille, excavation reconnaissable à l'examen ophthalmoscopique.

Je m'en tiens à ces quelques exemples qui me paraissent suffisants pour donner une idée des innombrables services rendus par l'ophthalmoscope; si je devais tout citer, ma tâche serait immense; de nos jours, plus de la moitié des maladies oculaires relèvent de l'ophthalmoscopie.

L'instrument primitif de Helmholtz a subi de nombreuses modifications, les unes bonnes, les autres sans grande valeur; presque chaque ophthalmologiste a voulu avoir son ophthalmoscope. Au reste, il convient de remarquer que, selon les circonstances et le but spécial qu'on se propose, il y a lieu parfois de choisir tel instrument de préférence à tel autre. La France n'est pas restée étrangère à ces perfectionnements et nous sommes heureux de pouvoir citer à cette occasion les noms de deux compatriotes, mon cher et savant maître, M. Giraud-Teulon, et mon excellent ami, M. Sichel fils : le premier a imaginé l'*ophthalmoscope binoculaire*, à l'aide duquel on observe simultanément avec les deux yeux, ce qui procure l'avantage d'obtenir une image en relief, comme en fournissent le stéréoscope et le microscope binoculaire. L'ophthalmoscope de M. Arthur Sichel, disposé de telle sorte que deux observateurs puissent voir au même instant la même image du fond de l'œil, est précieux comme appareil de démonstration (1).

(1) Dans le petit ophthalmoscope à main que j'ai fait construire dès 1864, et dont je me sers journellement depuis cette époque, j'avais surtout en vue d'obtenir un instrument très-portatif et d'un emploi à la fois simple et rapide; je crois avoir atteint sous ce rapport la limite du possible. — Dans le courant de l'année dernière, j'ai fait subir à l'ophthalmoscope du Dr Sichel plusieurs modifications qui

L'emploi de l'ophthalmoscope n'est pas aussi simple, ni aussi facile que celui du microscope. Il ne suffit pas, pour *voir distinctement*, d'approcher son œil de l'instrument; il faut, en outre, connaître les conditions à remplir pour régler convenablement l'ophthalmoscope et pour le *mettre au point*. Aussi, avant de s'essayer au maniement de cet appareil, est-il indispensable, si l'on veut éviter de longs et fastidieux tâtonnements, qui souvent restent infructueux, de commencer par étudier la théorie de l'ophthalmoscope; cette théorie s'appuie sur des notions d'optique qu'on chercherait en vain dans nos traités classiques de physique pure. La théorie connue, on apprend vite à *voir*, mais on n'arrive à bien saisir la signification de ce qu'on voit qu'à la suite d'exercices répétés très-fréquemment.

Messieurs, j''abrège autant que je puis, plus même que je ne devrais, et cependant je suis à peine arrivé à la moitié de ma tâche. Je n'ai point encore parlé de la physiologie normale et pathologique de la vision; c'est là un terrain qui, fécondé par les emprunts faits aux sciences physiques et mathématiques, a fourni une abondante récolte de découvertes riches en conséquences pratiques et dont l'acquisition doit être prisée d'autant plus haut que les résultats obtenus par cette voie se distinguent entre tous par une précision sans exemple dans les autres branches des sciences médicales.

L'œil possède la propriété d'être impressionné par les rayons lumineux et de transformer cette impression en sensation qu'il transmet au *sensorium commune;* en un mot, *l'œil voit*. Mais comment fonctionne le mécanisme qui préside à la vision? Quelle route la lumière extérieure suit-elle pour arriver jusqu'à la rétine, où se fait l'impression? Quelles sont les conditions physiques qui nous permettent non-seulement d'avoir la sensation de la lumière extérieure, mais encore de distinguer la forme et la couleur des objets, d'en apprécier l'éloignement, le relief, de voir *nettement* à différentes distances, etc.? Voilà autant de questions auxquelles il n'a été répondu d'une manière satisfaisante que dans le cours des trente dernières années. Et quand il s'est agi d'étudier la marche des rayons lumineux à travers les surfaces

ont eu pour principaux résultats de porter à *trois* le nombre des personnes pouvant observer simultanément et de permettre à chacun des observateurs de voir commodément sans gêner ses voisins. (F. M., 1er mars 1874.)

et les milieux réfringents qui composent le système dioptrique de l'œil, les théories classiques des lentilles se sont trouvées insuffisantes; Listing a dû recourir, pour résoudre le problème, aux formules élevées de la géométrie analytique et il a pu ainsi déterminer ce qu'on appelle les *constantes optiques* de l'œil, c'est-à-dire les six *points cardinaux* du système dioptrique.

La distance à laquelle nous voyons nettement les objets n'est pas fixe; nous pouvons la faire varier, à notre gré, entre certaines limites, dans une étendue qui, pour l'œil normal d'un jeune homme, va depuis l'infini jusqu'à une distance d'environ dix centimètres; en d'autres termes, l'œil possède la faculté de *s'adapter*, de *s'accommoder* aux distances. A un Hollandais, du nom de Cramer, revient l'honneur d'avoir donné le premier, en 1853, la démonstration expérimentale que l'accommodation est le résultat d'un changement de courbure du cristallin; les calculs ultérieurs de M. Helmholtz et de M. Knapp, basés sur des mesures très-précises, ont prouvé que les changements de forme observés répondent aux limites réelles du *pouvoir accommodatif*. Ainsi s'est trouvée confirmée la théorie formulée plus d'un siècle auparavant par le physicien anglais, R. Smith.

Nous mentionnerons, à cette occasion, l'instrument fort ingénieux imaginé aussi par M. Helmholtz et destiné à mesurer sur le vivant, avec une approximation de 1/200 de millimètre, les rayons de courbure de la cornée et du cristallin; cet instrument, nommé *ophthalmomètre*, a sa place marquée dans l'arsenal ophthalmologique, car il n'est pas de recherches relatives à la réfraction et à l'accommodation de l'œil, où l'ophthalmomètre ne soit appelé à jouer le rôle fondamental.

Les travaux d'optique physiologique auxquels je viens de faire allusion, offrent un intérêt qui n'est pas uniquement spéculatif, vous n'ignorez pas, en effet, Messieurs, que la compréhension, l'interprétation exacte des phénomènes pathologiques exige de toute nécessité la connaissance préalable des lois qui règlent les actes physiologiques.

C'est à un savant hollandais, un de mes maîtres les plus éminents et les plus sympathiques, M. Donders, que nous devons un ensemble de recherches admirables de précision, qui ont jeté une pleine et entière lumière sur les défauts de la vue, ou, pour parler le langage de la science moderne, sur les *anomalies de la réfraction et de l'accommodation de l'œil*. Avant les publications de l'illustre ophthalmologiste d'Utrecht, dont la première remonte à l'année 1858, les états pathologiques de la réfraction oculaire qui figuraient dans le cadre nosologique étaient au nombre de deux seulement, savoir : la *myopie* et la *presbytie*, et on les considérait à tort comme deux états opposés. M. Donders a séparé nettement les anomalies de l'accommodation ou réfraction variable d'avec celles de la réfraction fixe; il a montré que la presbytie est une anomalie de l'accommodation; que l'état opposé à la myopie est une anomalie de la réfraction, méconnue jusqu'à lui, quoique déjà observée et décrite, il y a un siècle, par J. Janin, célèbre oculiste de Lyon et fort bon observateur; l'*hypermétropie*, tel est le nom donné à cette nouvelle anomalie de la réfraction.

Ce n'est pas ici le lieu d'exposer l'histoire théorique et clinique de l'hypermétropie; qu'il me soit permis, toutefois, de ne pas quitter ce sujet sans entrer dans quelques détails bien propres à faire ressortir l'importance pratique d'études qui semblent, au premier abord, ne pas devoir sortir du domaine de la théorie et de l'abstraction. Dans l'œil de l'hypermétrope, le foyer principal postérieur du système dioptrique est situé en arrière de la couche des bâtonnets; par suite, l'accommodation étant au repos, les rayons lumineux émanant d'un point placé à l'infini sont interceptés par l'écran rétinien, avant qu'ils aient pu se réunir au sommet du cône réfracté et conséquemment l'ensemble des points d'un objet extérieur éloigné dessine sur la membrane sensible un nombre égal de cercles de diffusion qui empiètent les uns sur les autres; de là formation d'une image confuse. Quand un œil ainsi organisé veut voir distinctement, et la vision ne peut pas être distincte si l'image rétinienne manque de netteté, un tel œil est obligé de mettre son accommodation en activité, même pour regarder des objets très-éloignés, et plus il cherche à voir de près, plus il a d'efforts accommodatifs à faire. L'hypermétrope ne laisse donc jamais au repos l'appareil qui préside à l'accommodation; de là, un sentiment de lassitude, de fatigue oculaire qu'il ne tarde pas à éprouver toutes les fois qu'il s'applique à la lecture, à l'écriture et généralement à tout travail exigeant la vision à courte distance; la fatigue douloureuse qui survient dans ces circonstances porte, en ophthalmologie, le nom de *kopiopie* ou mieux d'*asthénopie accommodative*. Avant que la cause de ce symptôme fût connue, les malades atteints de kopiopie étaient soumis par les médecins à

un traitement qui en faisait de véritables martyrs : sangsues, vési-
catoires, purgatifs, sétons à la nuque et autres moyens non moins
énergiques et inefficaces, étaient mis en réquisition pour com-
battre une affection qu'on supposait de nature congestive; finale-
ment, on renvoyait le patient affaibli, en le déclarant incurable
et en lui interdisant tout travail sous peine de cécité. Actuellement, le traitement de l'hypermétropie se réduit à faire porter
au malade des verres convexes d'un numéro en rapport avec le
degré de son anomalie dioptrique. *Ab uno disce omnes!*

En 1862, M. Donders a introduit dans le cadre nosologique un
quatrième défaut de la vue, l'*astigmatisme,* qui était resté jusqu'alors ignoré des ophthalmologistes, malgré l'étude remarquable qu'au commencement du siècle deux savants anglais, le mé-
decin-physicien Th. Young et l'astronome Airy, avaient faite de
cette singulière anomalie sur leurs propres yeux. L'astigmatisme
consiste dans une asymétrie de courbure des surfaces réfringentes
de l'œil, ayant pour effet de nuire à la netteté des images réti-
niennes, et, par suite, à l'acuïté de la vue. Il convient de citer,
à cette occasion, le nom d'un officier supérieur du génie, professeur à l'École d'application de Metz, M. Goulier, dont les
recherches sur la nature et la correction de l'astigmatisme sont
antérieures de dix ans à celles de M. Donders. Le mérite de ce
dernier n'en reste pas moins intact, car M. Goulier a eu le tort
de ne faire connaître ses travaux que trois années après la première publication de l'ophthalmologiste d'Utrecht; il avait eu
toutefois la précaution de sauvegarder ses droits, en consignant
les principaux résultats auxquels il était arrivé, dans un pli cacheté
déposé en 1852 aux archives de l'Académie des sciences et ouvert,
sur sa demande, en 1865.

On a cru et enseigné, jusque dans ces derniers temps, que
l'œil était un instrument d'optique parfait; admise presque à
l'égal d'un axiome indiscutable, cette croyance n'en était pas
moins erronée. Des travaux que nous venons de rappeler et qui
ont porté sur des centaines d'individus, des recherches qui ont été
faites par d'autres observateurs sur le même sujet ou sur des
questions analogues, il ressort, avec la dernière évidence, que
l'organe de la vue présente non-seulement toutes les imperfections qu'on reproche à nos instruments d'optique, mais encore
des défauts qui lui sont propres. On se plaisait, par exemple, à
le regarder comme exempt de l'aberration de sphéricité; or, il se

trouve qu'une aberration bien autrement puissante y trouble la régularité de la réfraction : la courbure des surfaces réfringentes, au lieu d'être sphérique, affecte une forme elliptique, et elle varie d'un méridien à l'autre ; tous les yeux, sans exception, sont *astigmates*. Sans doute, dans les yeux réputés sains et bons, l'astigmatisme ne s'élève pas à un degré assez considérable pour gêner la vision d'une manière appréciable, mais il n'en existe pas moins, comme vous pouvez aisément vous en assurer par l'épreuve suivante : tracez sur une feuille de papier blanc une série de droites très-fines partant toutes d'un même centre ; approchez ce dessin graduellement et lentement de l'un de vos yeux, l'autre étant fermé ; il arrivera un moment où presque tous ces rayons deviendront plus ou moins confus, à l'exception de deux d'entre eux qui continueront à être vus distinctement ; les deux rayons qui demeurent visibles plus longtemps que les autres sont en ligne droite. Ce phénomène, dont on ne soupçonne pas l'existence, aussi longtemps que l'attention n'a pas été éveillée sur ce point, s'explique tout naturellement dans la théorie de l'astigmatisme. Et, pour le dire en passant, les bases de cette théorie ont été posées, bien avant les travaux de M. Donders, par un de nos compatriotes, le célèbre géomètre Sturm ; il est vrai d'ajouter que le savant français avait un autre but en vue, en développant ses calculs ; il croyait arriver, par ce moyen, à établir la théorie de l'accommodation, ou, pour parler plus exactement, à montrer que la vision peut conserver le même degré de netteté à différentes distances, sans qu'on ait besoin d'attribuer un tel phénomène à des modifications de forme ou de position des surfaces réfringentes. Il se trompait ; mais son travail, inattaquable au point de vue mathématique, ses calculs supérieurement conduits ont pu être utilisés pour édifier la théorie de l'astigmatisme, attendu que l'œil astigmate réalise précisément les conditions optiques prises par Sturm comme point de départ. — Au nombre des défectuosités de notre organe visuel, je citerai encore l'aberration de réfrangibilité, laquelle existe bien positivement dans l'œil, mais n'y fait sentir ses effets que dans le cas d'une accommodation défectueuse.

Je passe sous silence les autres imperfections et je reviens aux anomalies de la réfraction oculaire. M. Donders a emprunté à l'optique mathématique ses formules et ses méthodes pour mesurer et exprimer le degré de l'anomalie ; ces utiles innovations ont passé dans la pratique et il en est résulté que, de nos jours, le soin de choisir les verres correcteurs des défauts de la vue ne peut plus être abandonné à l'empirisme des opticiens. Nous avons à signaler ici une autre découverte remarquable, encore due aux patientes recherches de M. Donders, à savoir que la myopie engendre fréquemment le strabisme externe, et l'hypermétropie le strabisme interne.

A l'étude de l'astigmatisme et du strabisme se rattache aussi le nom de M. Javal. Notre estimé confrère parisien a imaginé un *astigmomètre* dont l'emploi est préférable à tout autre procédé pour la facilité et la rapidité avec lesquelles il permet de mesurer le degré de l'astigmatisme et, par suite, de déterminer le verre cylindrique capable de corriger ce défaut de la vue. Le même savant a trouvé dans les exercices stéréoscopiques un utile auxiliaire pour rendre durables les effets de l'opération du strabisme et même pour guérir sans opération les strabismes légers.

D'une manière générale, il est vrai de dire que tous les yeux sains possèdent la même acuïté visuelle, c'est-à-dire qu'ils voient également bien, à condition toutefois que les individus myopes, ou hypermétropes, ou astigmates, portent des lunettes qui corrigent exactement leur anomalie de réfraction. Mais une foule d'affections oculaires, entre autres les maladies de la rétine, de la choroïde, du nerf optique, du cristallin, ont pour symptôme commun une diminution de l'acuïté de la vue pouvant aller jusqu'à la cécité absolue. Il importait donc de découvrir un moyen qui permît de mesurer l'acuïté de la vue et d'en exprimer la valeur en fonction d'une unité convenablement choisie. C'est dans ce but que M. Giraud-Teulon, à Paris, et M. Snellen, à Utrecht, ont construit des échelles typographiques (1) à l'aide desquelles nous mesurons le degré d'acuïté de la vue; aussi ne se borne-t-on plus à dire, comme autrefois, que telle personne lit, à telle distance plus ou moins vaguement indiquée, des caractères d'imprimerie de grandeur arbitraire et mal déterminée; de nos jours, l'ophthalmologiste représente par un nombre le degré exact de l'acuïté visuelle.

Avant de quitter le terrain de la dioptrique oculaire, mentionnons encore les travaux de M. Donders, de M. Helmholtz et des

(1) Je m'occupe en ce moment d'établir une nouvelle échelle typographique dont l'emploi présentera en pratique de notables avantages sur les échelles actuellement en usage. [F. M., 1ᵉʳ mars 1874.]

savants anglais, relatifs aux phénomènes *entoptiques;* on entend
par là la perception de corpuscules situés dans l'intérieur même
ou à la surface de l'œil. Indépendamment de l'importance que
l'étude de ces phénomènes offre au point de vue de la théorie de
la vision, notamment en ce qui concerne la localisation des impressions lumineuses dans la couche des bâtonnets, il en découle
aussi des résultats pratiques; c'est ainsi qu'on a pu arriver à déterminer le siège et la nature d'une affection très-commune et
presque générale, connue sous le nom de *mouches volantes.*

L'œil ne voit pas uniquement l'objet ou le point qu'il fixe; il
aperçoit simultanément, avec plus ou moins de netteté, tout l'espace situé en face de lui et sur les côtés. L'étendue de l'espace
visible en même temps que le point fixé se nomme le *champ
visuel;* celui-ci est dit *monoculaire* ou *binoculaire,* selon qu'on
le considère relativement à un seul œil ou aux deux yeux. De
Græfe a fait ressortir l'importance de la mesure du champ visuel
sous le rapport du pronostic et parfois du diagnostic de certaines
affections ophthalmiques. Le champ visuel peut, en effet, diminuer
d'étendue, *se rétrécir,* comme on dit, ou bien présenter des lacunes
ou *scotômes;* la forme, le siège, la marche du rétrécissement
varient avec la nature de la maladie. Dans la plupart des glau-
cômes, par exemple, le champ visuel se rétrécit latéralement, de
sorte qu'avant de disparaître complétement, il est réduit à une
bande verticale centrale ; dans la rétinite pigmentaire, le rétrécissement s'opère progressivement de la périphérie au centre et
en suivant le contour d'une circonférence. Des scotômes cen-
traux ou latéraux se montrent dans certaines lésions de la rétine,
de la choroïde, du nerf optique, ou dans des amblyopies de cause
cérébrale. L'*hémiopie,* que j'appellerais plus volontiers *hémiano-
pie,* est précisément caractérisée par la perte totale d'une moitié
latérale du champ visuel. Divers appareils ont été imaginés pour
mesurer exactement l'étendue du champ visuel; l'un des plus récents, des plus précis et des plus rationnels, est le *périmètre* de
Fœrster, encore un instrument qui doit figurer dans une clinique
ophthalmologique (1).

(1) Le périmètre de notre maître et ami, le Dr de Wecker, tout en étant d'un
emploi commode, ne réalise pas, au même degré que celui de Fœrster, les qualités
scientifiques qu'on aime à trouver dans les instruments de précision.

Le nom de *périoptomètre* serait, pour plus d'une raison, préférable à celui de
périmètre.

Messieurs, je craindrais de lasser votre attention, si je poursuivais jusqu'à complet épuisement la revue des travaux accomplis dans le domaine de l'ophthalmologie depuis l'invention de l'ophthalmoscope ; car, c'est là un fait bien remarquable, la découverte de cet instrument a imprimé à toutes les parties de l'oculistique un essor vraiment merveilleux et a inauguré une ère nouvelle pour cette branche de la médecine ; à dater de cette époque il n'est guère de problème qui n'ait été abordé et souvent résolu avec bonheur. Les recherches n'ont pas été dirigées exclusivement dans la nouvelle voie ouverte aux travailleurs par la conquête du précieux instrument de Helmholtz ; on s'est mis à étudier à nouveau les sujets les plus rebattus de la vieille oculistique et, il faut en convenir, non sans quelque utilité. Comme exemple, il me suffira de citer l'ophthalmie granuleuse ou granulations de la conjonctive ; la nature et la pathogénie de cette affection, après avoir fourni matière à des discussions interminables, ont fini par être élucidées, d'une manière sans doute encore incomplète, mais cependant assez approfondie pour conduire à quelques résultats positifs et pour trancher plus d'un point en litige. C'est ici le lieu de rendre au microscope la part de mérite qui lui revient dans les progrès que l'emploi de plus en plus fréquent de cet instrument a fait faire à l'étude des lésions organiques de l'œil ; pour mon compte, je dois au microscope la découverte d'une nouvelle tumeur de l'iris, l'*épithélioma perlé*.

Je laisse à l'écart un chapitre très-intéressant et très-ardu à la fois, je veux parler de l'ophthalmo-statique et de l'ophthalmodynamique, c'est-à-dire de la physiologie normale et pathologique des mouvements du globe oculaire ; l'étude de cette partie de l'ophthalmologie touche d'un côté aux problèmes les plus élevés de la mécanique, de l'autre à la symptomatologie des paralysies et des insuffisances musculaires de l'œil ; ce dernier sujet a été traité de main de maître par l'illustre de Græfe. Nous avons mentionné plus haut le rôle étiologique des anomalies de la réfraction dans le développement du strabisme concomitant. Vous retrouverez dans les méthodes et les instruments actuellement en usage pour mesurer le degré du strabisme et de l'insuffisance musculaire (prismes optiques, strabomètres de Meyer et d'autres, etc.) l'intervention des sciences mathématiques et physiques.

Je ne vous décrirai pas les instruments qu'on a imaginés sous le nom d'*exophthalmomètres*, pour mesurer le degré de saillie ou d'enfoncement du globe oculaire ; je ne m'arrêterai pas davantage au *chiastomètre*, que M. Landolt a fait construire pour mesurer avec une grande précision l'écartement des yeux.

Il est toutefois trois instruments que je tiens encore à citer pour vous montrer la richesse et la précision des moyens d'investigation dont dispose l'ophthalmologie nouvelle. L'un de ces instruments, l'*ophthalmotonomètre*, sert à mesurer la tension intra-oculaire, dont l'accroissement, ai-je dit, est le signe pathognomonique du glaucôme ; les ophthalmotonomètres de Græfe, de Donders, de Dor, de Monnick, renfermaient tous une cause d'erreur que mon ami, le Dr Snellen, d'Utrecht, serait parvenu à supprimer, si j'en juge d'après une communication épistolaire de l'auteur. Le *chromatomètre*, appareil imaginé par M. Edm. Rose et fondé sur les phénomènes de polarisation chromatique de la lumière, est appelé à rendre de grands services toutes les fois qu'il s'agit d'étudier la fonction visuelle sous le rapport de la perception des couleurs. On sait qu'il y a des per-sonnes, le physicien anglais Dalton était du nombre, qui sont privées de la faculté de reconnaître certaines couleurs ; cet état anormal est connu sous le nom de *daltonisme* ou d'*achroma-topsie*. Des phénomènes du même ordre s'observent dans la plupart des affections de la rétine et du nerf optique ; le chromato-mètre permet de déterminer mathématiquement les couleurs dont la perception ne s'accomplit pas normalement et de mesurer le degré de l'affaiblissement correspondant. Enfin, s'agit-il d'examiner la rétine sous le rapport de sa sensibilité à la lumière, nous avons dans le *photomètre*, notamment dans celui de Fœrster, un appareil propre à nous faire connaître le degré de cette sensibilité.

Si nous abordions le domaine de la thérapeutique, nous y verrions aussi des preuves nombreuses et éclatantes de l'activité déployée depuis une vingtaine d'années dans ce département de l'oculistique. Il ne saurait en être autrement : la pratique suit toujours la théorie dans son évolution ascendante ; à mesure que la physiologie pathologique et la pathogénie progressent, que les moyens de diagnostic se perfectionnent et acquièrent une précision plus grande, la thérapeutique prend une allure de plus en plus assurée et s'enrichit de nouvelles conquêtes.

Quel médecin n'a entendu parler d'une découverte qui a commencé la réputation européenne de Græfe et qui restera un de ses plus beaux titres à la reconnaissance de la postérité? Guidé par le raisonnement et par l'observation attentive des faits, le chef de l'École de Berlin a reconnu dans l'iridectomie un moyen presque infaillible d'arrêter les progrès du glaucôme, maladie d'autant plus redoutable que jusqu'alors elle était réputée incurable et conduisait fatalement à la cécité.

Le traitement de la cataracte a donné lieu à de nombreux travaux; il n'est pas de sujet sur lequel on revienne plus fréquemment. Le nom de Græfe apparaît de nouveau ici, mais en compagnie d'une foule d'autres. La France, l'Angleterre, l'Allemagne, l'Autriche, la Belgique, l'Italie, presque toutes les nationalités ont fourni leur contingent à la thérapeutique de cette affection si commune. Le procédé par *extraction linéaire* de Græfe a fait grand bruit dans le monde médical; ayant eu la bonne fortune d'assister à la naissance de ce procédé, en 1865, et de le voir pratiqué une cinquantaine de fois par l'auteur lui-même, je suis à même de le juger en connaissance de cause; or je dois avouer que je ne le trouve pas à l'abri de toute critique et que je n'ai jamais partagé l'enthousiasme général à cet égard; je crois même avoir été un des premiers, en 1867, à réagir contre l'engouement qui s'était emparé de tous les opérateurs habitués à suivre aveuglément les préceptes du grand ophthalmologiste. Toutefois un fait considérable reste acquis, l'infériorité de l'abaissement et de l'ancienne extraction à lambeau; ces procédés opératoires sont abandonnés; leur déchéance a été proclamée et il est infiniment probable que ce jugement prononcé par la science contemporaine ne sera jamais rapporté. C'est à des procédés tenant le milieu entre l'opération de Græfe et celle de Daviel que l'avenir nous paraît appartenir; *in medio stat virtus.*

Des progrès notables ont aussi été réalisés dans le traitement des affections des voies lacrymales, d'abord par M. Bowmann, en 1857, et depuis cette époque par d'autres ophthalmologistes de divers pays; il me sera permis d'ajouter que la France n'est pas restée simple spectatrice de ces tentatives couronnées de succès.

Je ne m'arrêterai pas à décrire les perfectionnements apportés au traitement chirurgical des diverses formes de strabisme; je passe sous silence une foule d'autres acquisitions d'une importance moindre. De nombreux instruments sont venus enrichir l'arsenal chirurgical destiné aux opérations oculaires; de nouveaux médicaments ont été introduits dans la thérapeutique des maladies des yeux. Parmi ces médicaments, il en est un précieux entre tous, qui mérite une mention spéciale; c'est le *sulfate d'atropine*, dont on ne saurait trop user, tant sont variées et fréquentes les indications auxquelles répond cette substance. Nous ne dirons pas la même chose de la fève de Calabar, ni de son principe actif, l'*ésérine* ou mieux la *physostigmine*, qui jusqu'ici n'a rendu que des services douteux.

Ai-je besoin, avant de terminer, de rappeler les relations qui existent entre un grand nombre de maladies générales et certaines affections de l'œil? La maladie de Bright, ou plus généralement l'albuminurie, engendre assez souvent dans les yeux une inflammation de la rétine, la *rétinite albuminurique*, dont les caractères ophthalmoscopiques sont si tranchés que neuf fois sur dix l'examen seul de l'œil suffit pour diagnostiquer la maladie générale. La syphilis, vous ne l'ignorez pas, ne respecte aucun organe du corps dont elle a pris possession *par droit de conquête ou par droit de naissance*, et il ne déplaît pas au terrible virus de choisir pour siège de ses manifestations morbides les diverses parties de l'œil. L'inflammation du nerf optique et de la rétine avoisinante (névrite optique et névro-rétinite) reconnaît très-souvent pour causes une maladie cérébrale, telle que la méningite ou une tumeur développée dans l'intérieur du crâne (A. de Græfe, Bouchut). La tuberculose, particulièrement quand elle se présente à l'état aigu, se manifeste parfois dans la choroïde. Les affections du cœur et des vaisseaux peuvent aussi donner lieu à des lésions des tissus de l'œil, notamment dans la rétine; je vous rappellerai à cette occasion la coexistence des anévrysmes miliaires dans les artères de la rétine et du cerveau (H. Liouville). Enfin on a signalé l'existence de rétinites leucémiques, diabétiques, etc. En conséquence, toutes les fois qu'on se trouve en présence d'une affection oculaire, il importe de ne pas négliger l'examen de l'état général du malade.

Lors même que la lésion oculaire ne dépendrait directement d'aucune cause générale, on n'en retirerait pas moins de cet examen des indications utiles pour le traitement, car tout se tient dans l'organisme; aussi n'est-il pas plus permis à l'ophthalmologiste qu'au chirurgien, à l'accoucheur ou à tout autre spécialiste, d'ignorer les principes de la médecine. Et réciproquement,

le médecin appelé à soigner une maladie non oculaire ne devra
jamais oublier d'explorer ou de faire explorer en même temps
l'organe de la vision, surtout si l'ensemble des autres symptômes
laisse planer le moindre doute sur le diagnostic de l'affection.
Je pourrais citer à cette occasion le cas qui s'est présenté
en 1870, avant la guerre, à l'une des cliniques de médecine de
Strasbourg : il s'agissait d'un individu chez lequel on avait
diagnostiqué une fièvre typhoïde; le malade meurt et l'autopsie
démontre qu'on avait eu affaire à une tuberculose aiguë; en
même temps on trouve des tubercules dans les choroïdes des
deux yeux. Il est de toute évidence que si l'examen ophthalmoscopique de ces organes avait été pratiqué du vivant du
malade, l'erreur de diagnostic eût été évitée.

La science qu'ont cultivée avec tant d'éclat les Maître-Jan, les
Saint-Yves, les Demours, les Daviel, les Jean Janin, les Scarpa,
les J. Beer, les d'Ammon, les Follin, les J. Sichel, les A. de
Græfe, les V. Stœber et bien d'autres, ne se complaît pas dans
la solitude et l'isolement; tout au contraire, elle met en pratique,
autant qu'il est en son pouvoir, les principes du libre échange,
témoignant ainsi de la solidarité qui unit entre elles toutes les
branches du savoir humain. Je vous ai montré l'ophthalmologie
acceptant volontiers, recherchant même avec empressement le
concours des mathématiques, de la physique, de la physiologie
normale et pathologique et des autres parties de la médecine;
vous venez de la voir éclairant à son tour le diagnostic des
maladies internes. C'est aussi à l'ophthalmoscope que la médecine légale est redevable de la découverte d'un précieux signe
de la mort réelle, tiré de l'observation des altérations qui se
manifestent dans le système circulatoire de la rétine, consé-
cutivement à l'arrêt du cœur. Vous n'ignorez pas les services
rendus à la pathologie générale par l'étude des processus inflam-
matoires de la cornée, pour élucider la théorie encore incer-
taine de l'inflammation; vous trouverez aussi dans les modes de
transmission des maladies contagieuses de l'œil des données
propres à répandre quelque lumière sur les grandes questions de
contagion et d'infection. Je ne multiplierai pas davantage les
exemples de cet ordre; mais si quelque jour, jetant un regard de
curiosité en dehors du vaste cercle des sciences médicales, vous
venez à vous apercevoir que les anciennes unités de longueur,
pieds, pouces, lignes, chassées de leur dernier asile, ont disparu

des mesures optiques pour céder la place au système métrique, rappelez-vous alors que des ophthalmologistes ont été les promoteurs de cette utile réforme.

Messieurs, nous venons de parcourir le domaine spécial de l'ophthalmologie; nous l'avons parcouru, comme on voyage de nos jours, en train express; à l'exception des stations principales, sur lesquelles nous avons dû nous contenter de jeter un coup d'œil, tout le reste nous a échappé. Nous n'avons même rien dit, ou peu s'en faut, des travaux sortis de l'École de Strasbourg; nous nous réservons de retracer dans un autre endroit l'histoire de la clinique ophthalmologique de cette regrettée Faculté et de montrer la part qu'elle a prise au mouvement scientifique de l'époque. Cependant notre course, si rapide qu'elle ait été, aura suffi, je l'espère, pour vous donner une idée de l'étendue et de la diversité des connaissances nécessaires en ophthalmologie. Vous avez pu constater que l'étude des maladies des yeux met à contribution toutes les branches des sciences médicales; plus qu'aucune autre partie de la médecine et de la chirurgie, elle s'est approprié les méthodes d'observation et les appareils en usage dans les sciences physiques. Les emprunts faits à la physique et aux mathématiques ne sont pas restés l'apanage exclusif des recherches théoriques; ils ont passé dans la pratique courante. Un des caractères les plus saillants de l'ophthalmologie actuelle, c'est, en effet, la détermination exacte et précise de toutes les quantités susceptibles de mesure et leur évaluation numérique; on mesure et on représente par des nombres l'état de la réfraction oculaire (emmétropie, myopie, hypermétropie, astigmatisme), le pouvoir accommodatif, le degré de la presbytie, l'acuïté de la vue, la tension intra-oculaire, le degré du strabisme et de l'insuffisance musculaire, la saillie du globe de l'œil, l'étendue du champ visuel, la sensibilité de la rétine pour la lumière blanche et pour chaque couleur en particulier, etc.

De nos jours, une observation relative à un cas d'affection oculaire doit porter la trace de toutes ces déterminations, sous peine d'être jetée au rebut. Cette précision dans les mesures exige des appareils, des instruments; notre nouvelle Faculté possède déjà une partie de cet outillage précieux et nécessaire; quant aux appareils qui manquent encore à l'appel, j'espère qu'ils ne tarderont pas à venir occuper la place qui leur est réservée. Le savant illustre, l'administrateur éclairé, qui s'est donné la tâche glorieuse et patriotique de réorganiser à Nancy la Faculté de médecine chassée de Strasbourg tiendra à honneur de lui assurer une prospérité croissante; activement secondé par un de ses collègues non moins zélé, il veillera, j'en ai la conviction, à ce que notre outillage soit promptement complété, en même temps aussi à ce qu'un local nous soit donné pour y installer la clinique ophthalmologique et y utiliser nos instruments au profit des malades et des élèves (1); alors seulement nous nous sentirons de force à nous mesurer avec ceux qui, mieux équipés et plus nombreux, ont battu nos armées, mais n'ont point abattu nos courages!

(1) Nos désirs ont déjà reçu un commencement de satisfaction. Un local provisoire a été mis à notre disposition dans l'hôpital Saint-Charles et nous a permis d'inaugurer la clinique à l'ouverture du semestre d'été 1873; de nouvelles acquisitions sont venues enrichir la collection de nos instruments d'ophthalmologie; enfin, depuis la rentrée du mois de novembre dernier, un interne et un externe sont attachés spécialement à notre service.

Au mois de mars 1873, la clinique ophthalmologique de Nancy n'existait encore que sur le papier; à l'heure présente, après un an d'exercice, elle fonctionne dans des conditions qui sont loin de répondre à tous les *desiderata,* mais qui, eu égard aux lacunes et aux défectuosités inséparables d'une installation faite à la hâte et essentiellement provisoire, se présentent sous un aspect propre à réjouir les amis du progrès et à nous faire envisager l'avenir avec confiance. — Nous ne saurions assez dire, à cette occasion, combien l'organisation de cette clinique nous a été rendue facile, grâce au concours empressé de l'administration des hospices civils et des dames de la Congrégation des Sœurs de Saint-Charles.   F. M.

1er mars 1874.

Nancy. — Impr. Berger-Levrault et Cie.